MW01110344

ISBN 978-0-9768680-3-3

Impreso y manufacturado en
Los Estados Unidos de América

burningbush creation

BURNING BUSH CREACIÓN
2114 Queen Ave North
Minneapolis, MN 55411-2435

La Gran Historia

Escrita y Ilustrada por Beau Breems

Este libro fue publicado en inglés con el título His Story por:
Traducido por Arcenia H. Mohar con la ayuda de hermanos
Macidonio y Marios.

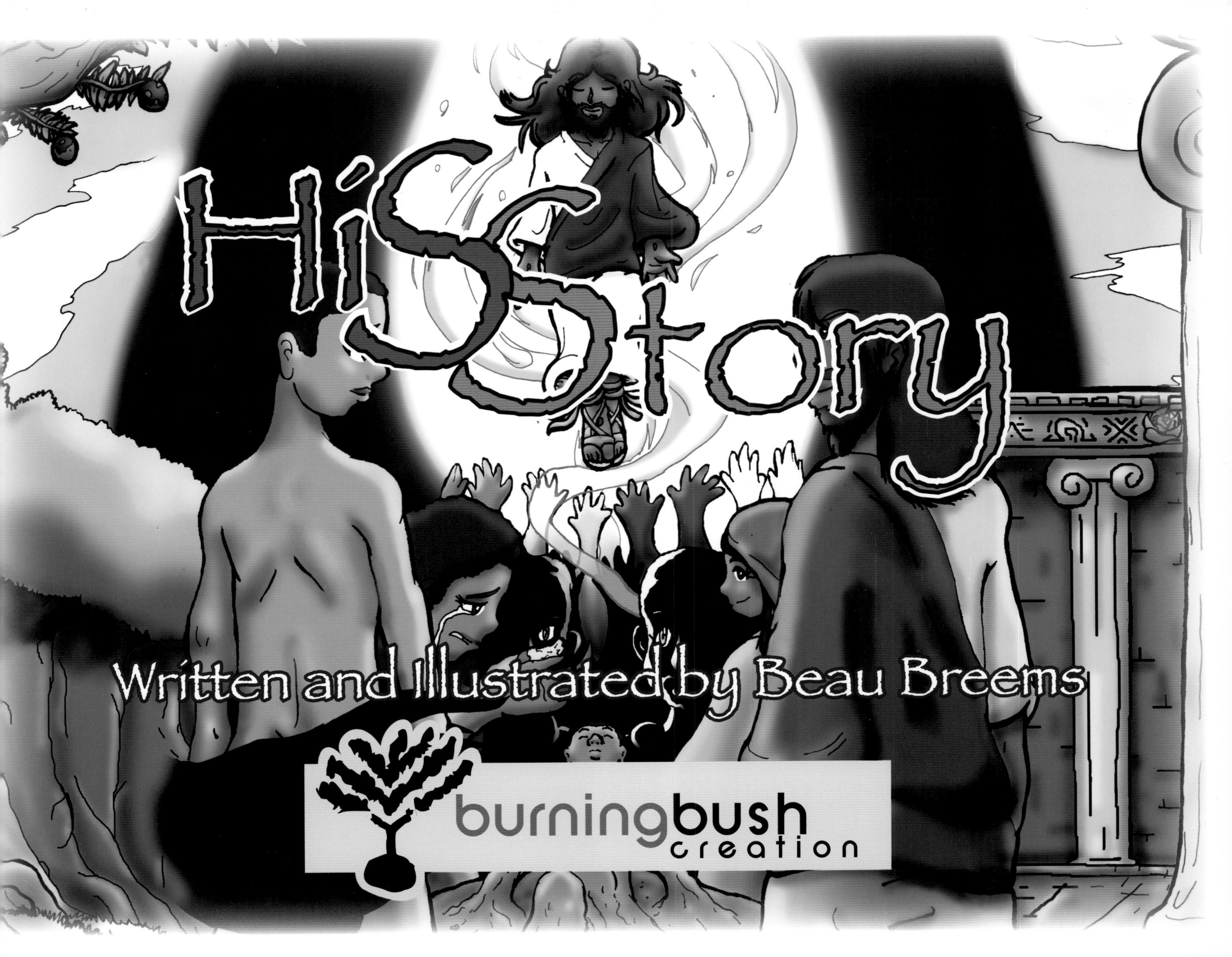
HiStory
Written and Illustrated by Beau Breems
burningbush
creation

Reconocimiento

Este libro es el resultado de una petición hecha por dos damas de mi Iglesia, Liz y Joyce Roufs, quienes estaban realizando un viaje misionero al África en el otoño del 2004. (¡ En ese tiempo, yo solo tenia 18 años de edad!) Dios había grabado en su corazón la idea de preguntarme que les hiciera algo que ellas pudieran llevar al África para los niños y adultos a slos cuales ellas les estarían ministrando. Así que después de algunas oraciones y estudios, yo empecé. Unos meses más tarde, una versión muy temprana de este libro se hizo y solo tres copias se imprimieron, dos para las damas y una para mí. Y esto seria el final.

Pero un joven líder en mi iglesia, illamadoi Ron McConico, sintió que este libro se hizo para algo más. Después de una conferencia dirigida al Ministerio Urbano y viendo la reacción que muchas personas tuvieron sobre el libro, Él sabia que Dios quería que Él dejara de hacer cualquier cosa y consiguiera la publicación de este libro. Y ahora, después de mucho trabajo, tiempo y oración; tú tienes este producto ante ti. Verdaderamente, este libro ha llegado a su fruto debido a la providencia divina de Dios.

Me gustaría dar las gracias a todas las personas quienes contribuyeron financieramente con el libro, y aquellos que permanecieron en oración por el mismo. También, las gracias van dirigidas a la Impresora MGB por tomar un paso de fe al invertir en este proyecto e imprimirlo. Se puede ver más de este producto en MGBprinting.com. También me gustaría dar las gracias a los miembros de mi grupo de Burning Bush Creación; mi amigo Brandon McCall, mi consejero Nick Kmoch, y mi orientador espiritual Ron McConico, los cuales sus obras en este esfuerzo fueron indispensables. Y por supuesto, todas las gracias y gloria van dirigidas realmente a Dios, quien no solamente empezó este proyecto y lo vio realizado, pero fue el director de los acontecimientos verdaderos descritos en este libro. Desde la creación hasta la resurrección; Dios es sinceramente digno de toda la gloria, honor y alabanza.

Este libro esta dedicado a la gente en África . . . y ahora al mundo.

Capítulo 1 : LA CREACION

¿Se ha preguntado usted alguna vez, quien creó el mundo? Bien, hay una respuesta: El Dios del universo nos dijo con sus propias palabras, como Él creó el mundo. A través de la historia ha habido personas las cuales Dios a escogido para hablarles, y Él hizo esto, a través de su espíritu. Estas personas escribieron en la Biblia lo que Dios les dijo. Dios dijo: "que en el principio Él creó el cielo y la tierra."

En el primer día de la creación, Él hizo la tierra sin forma y los cielos sin estrellas; pero Él dijo: “haya la luz” y hubo luz, Él llamó a la luz “día” y la separo de las tinieblas y las llamó “noche”. En el segundo día, Él separó las aguas que estaban arriba e hizo la tierra seca. En el tercer día, Él llenó la tierra con pasto, hierbas, frutas y árboles, cada uno según su especie.

En el cuarto día, Dios, creó el sol, la luna, y las estrellas poniéndolos en lugares por estaciones, días y años. En el quinto día Dios creó todas las criaturas que viven en el agua y todas las criaturas con alas, según su especie. En el sexto día, Dios creó las criaturas que se arrastran y las que caminan, todas según su especie. Él les dijo a todas las criaturas de la tierra: "Fructificad y multiplicaos."

En el sexto día, Dios
también creó al primer
hombre, Adán, del polvo
de la tierra. Dios le dio a
Adán, poder sobre la tierra
y todas las criaturas. En el
séptimo día, Dios descansó
de todo su trabajo de
creación y vio que todo
estaba bién.

Dios puso a Adán en un jardín llamado Edén y entonces le trajo todos los animales. Adán le puso nombre a todos, pero El no pudo encontrar una pareja entre los animales que fuera como él.

Debido a que Adán no
tenía una pareja como él.
Dios creó una ayudante de
la costilla de Adán.

Ella fue llamada mujer,
debido a que se origino del
hombre; y Adán la llamó
Eva, la primera de todas
las mujeres.

Capítulo 2 : LA CAIDA

Dios permitió que Adán
y Eva comieran cualquier
fruta que ellos escogieran
en el jardín del Edén, pero
les dijo que no comieran
del árbol
de la ciencia del
bien y del mal.

Dios les advirtió que si
ellos lo hacían, ciertamente
ellos morirían.

Sin embargo, el enemigo de Dios, Satanás, entró en el cuerpo de la serpiente y le dijo a Eva que ellos no morirían si comieran del fruto del árbol de la ciencia del bien y del mal. Satanás puso duda en el corazón de los humanos, engañándolos para que desobedecieran a Dios.

¡"Tus ojos serán abiertos!" Satanás le dijo a ella. ¡"Tú serás como Dios! Tú nunca morirás."

De esta manera, Eva, recogió algunas de las frutas para comer, ella y su esposo. Ella no sabía que había sido engañada.

Y así fue que Eva y Adán, desobedecieron a Dios, comiendo de la fruta del árbol de la ciencia del bien y del mal. De repente sus ojos fueron abiertos cuando ellos comían de la fruta; y ellos se dieron cuenta del terrible error que habían cometido. Adán y Eva se dieron cuenta que estaban desnudos y se avergonzaron, por lo tanto, ellos trataron de esconderse uno del otro y cubrirse con hojas. Rápidamente Dios vino caminando a través del jardín y Adán y Eva se escondieron de Él.

Pronto Dios los encontró.
Él los interrogó y
los castigó por su
desobediencia.

La serpiente fue maldecida
ha arrastrarse en la tierra
para siempre. El hombre
fue forzado a trabajar la
tierra por sus alimentos; y
la mujer tendría gran dolor
en el nacimiento de sus
hijos.

No solamente fueron estos castigos asignados por su desobediencia sobre ellos, también fueron lanzados fuera del jardín del Edén. Esta fue la primera vez que la humanidad había desobedecido a Dios.

Pero esto fue solamente el principio.

No solamente Adán y Eva fueron maldecidos, pero también nosotros, sus hijos y el mundo entero fueron condenados. El pecado, el cual hubo entrado al mundo, es el resultado de nuestra desobediencia a Dios. Nosotros nacemos en pecado, como si esto fuera una enfermedad heredada de nuestros padres. Debido a esto, las personas y los animales mueren; y nuestro carácter es corrupto en desobedecer a Dios. Animales comen animales. Hermanos matan hermanos. Amigos traicionan amigos. Naciones esclavizan naciones. Pero algunos oran por ayuda.

Capítulo 3 : ESPERANZA

Aun así, Dios amó al mundo. Él quería que todo el mundo lo amara y le sirviera, de manera que Él ideó una forma para que ellos fueran perdonados. Los Judíos, una vez esclavos de Egipto, fueron liberados por Dios a través de milagrosas proezas. Dios les dio instrucciones para vivir, la ley, y tierra para habitar. Sacrificios de animales quemados fueron ofrecidos y así Dios les perdonaría sus pecados; el vertido de sangre inocente. Aunque la ley les enseño como vivir correctamente, la gente no pudo vencer el pecado. Por lo tanto, Dios prometió un Salvador que salvaría al mundo entero del pecado.

El tiempo continuó, y también la muerte y la decadencia causada por el pecado. Entones, cerca de dos mil años atrás una virgen dio a luz a un hijo. Esto fue justamente lo que los profetas Judíos dijeron; aquellos quienes oyeron las palabras de Dios y la hicieron conocer. Dios le había dado a esta virgen, Maria, un hijo. Debido a que este hijo no tenía un padre humano, Él no heredó el pecado. Su nombre fue Jesús y Él dedicó sus años de juventud a estudiar las escrituras Judías y a trabajar como carpintero. Él vivió una vida libre de pecado, y sabia que Dios lo había enviado con una misión.

Un pariente de Jesús, Juan el Bautista, estaba bautizando a las personas en esos tiempos, sumergiéndolos bajo el agua y levantándolos. Esto era un signo de una nueva vida y era realizado para enseñar que esta persona iba a seguir a Dios. Muchos pensaron que Juan era el Salvador, el Mesías. Pero él no era. Él estaba preparando el camino para el Mesías.

Cuando Jesús vino a ser bautizado por Juan, el Espirito Santo de Dios descendió de los cielos sobre Él, como una paloma blanca, y la voz de Dios fue escuchada desde los cielos, diciendo: “Este es mi Hijo amado”. Jesús era el Mesías prometido quien salvaría al mundo del pecado.

Después de su bautismo, Jesús fue al desierto, y ayunó por cuarenta días y cuarenta noches.

Satanás, él que había engañado a Adán y a Eva, tentó a Jesús tres veces tratando de hacer que Él utilizara mal el poder que había recibido de Dios.

Pero Jesús se enfrentó
a Satanás y venció la
tentación.

Mientras que Adán y Eva
habían fracasado la batalla,
Jesús la había ganado.

¡Jesús estaba sin pecado!

Entonces Jesús empezó a viajar a través de la tierra de Judea, predicando a la gente Judía que el Reino de Dios estaba cerca. Muchas personas lo siguieron y Jesús hizo estudiantes o "discípulos" a personas comunes, como pescadores. Los discípulos de Jesucristo aprendieron cercanamente a Él y se hicieron sus amigos.

Jesús también hizo milagros haciendo cosas que nadie jamás pudo hacer. Él sanó a personas de enfermedades y a impedidos como: lepra y ceguera. ¡Él tenia hasta poder sobre la naturaleza! Jesús caminó sobre el agua y les dijo a las plantas que se marchitaran. Jesús no solamente por sus palabras demostró que Él era el Mesías, pero también lo confirmó con sus acciones.

Jesús le dio visión a los ciegos, hizo a los lisiados caminar. De unos cuantos pedazos de alimentos multiplicó suficiente, para alimentar a miles y hasta resucitó a los muertos. La gente lo seguía a Él por Su poder de sanar, aún aquellos, quienes no eran Judíos le rogaban por este poder. Jesús también perdonó pecados, algo que solamente Dios podía hacer. Él probó a través de sus acciones que Jesús no solamente era el hijo de Dios, sino
¡Dios mismo! ¡Dios, había venido a salvar al mundo!

Jesús fue también un gran maestro. Él enseñó parábolas a la gente y a sus discípulos, mostrándoles verdades espirituales acerca de cómo vivir y acerca de Él mismo. Jesús les demostró como Él y su Padre eran uno, pero separados. Un Dios en dos personas, el Padre y el Hijo.

Capítulo 4 : SU ULTIMA SEMANA

Muchos de los líderes
Judíos, religiosos de
esos días, creyeron que
Jesús estaba mintiendo
y ninguno odió más
sus enseñanzas que los
Fariseos. Ellos siguieron
la Ley estrictamente y no
creyeron en Jesús, aunque
Él realizó grandes milagros
justamente enfrente
a sus ojos.
Ellos conspiraron
en contra de Jesús.

Pero Jesús sabía cuál era su propósito en la tierra. Después de muchos años de enseñar y hacer milagros, Él sabía que Su tiempo final en el mundo estaba cerca. Jesús tendría que ir a la cuidad de Jerusalén, para cumplir la promesa de Dios al mundo. El Mesías nos salvaría, pero Él lo haría a un gran costo.

Jesús entró en Jerusalén
montado en un burro
¡los sus seguidores y sus
amigos celebraron! Ellos
colocaron ramas de palmas
a Sus pies y dijeron:
"¡Bendito el que viene en el
nombre del Señor!" Ellos
creyeron que Jesús había
venido a salvarlos de los
Romanos, los que habían
gobernado sobre Judea.
Pero Jesús salvaría a toda
la gente del pecado.

Jesús pasó su última semana en Jerusalén, enseñando que era solamente a través de Él, que los pecados de las personas serían perdonados. Jesús enseñó que Él era el Mesías y resolvió cualquier argumento de los Fariseos. Ellos planearon matar a Jesús durante un festival Judío que se realizaba esa semana en Jerusalén.

El enemigo de Dios, Satanás, no se había dado por vencido en tratar de detener el trabajo de Jesús. Él entró en uno de los discípulos de Jesús, Judas Iscariote, y a través de Judas, traicionó a Jesús con los Fariseos. Los Fariseos le pagaron a Judas, para que los llevara donde estaba Jesús, de esta manera ellos lo pudieran arrestar, acusar y juzgar durante el festival.

En la noche que Jesús
fue traicionado, Él tuvo
una última cena con Sus
discípulos. Jesús les dijo que
Él sufriría y moriría por los
pecados del mundo entero,
pero luego resucitaría. Él
dijo que Su cuerpo sería
partido como el pan y Su
sangre derramada como el
vino. Él sería un sacrificio
para pagar el precio
del pecado, que el mundo
le debía a Dios.

Jesús entonces les enseñó una lección final de servir, lavándoles sus pies. Él se humilló ante ellos mostrando con sus acciones y palabras que ellos tendrían que amar a Dios con todo su corazón, mente, fuerza y alma; y amar a su prójimo como a ellos mismos. Ellos tendrían que servirse uno al otro, cómo Él les estaba sirviendo a ellos.

Después, ellos fueron al jardín llamado Getsemaní, y Jesús oró hasta tarde en la noche. Jesús no quería morir, pero Él se humilló hacer lo que Dios quería. Jesús, el libre de pecado, tomaría sobre Él todos los pecados del mundo. Él era inocente, pero lo haría por amor a Dios y por todo el mundo en la tierra entera.

Capítulo 5 : LA TRAICION

Judas encontró a Jesús tarde en la noche, y estaba guiando a los guardias Romanos que habían sido enviados por los Fariseos, para arrestar a Jesús. Judas estaba quebrantado por dentro, debido a su traición. Él junto con el resto de los discípulos de Jesús desapareció. Jesús estaba ahora completamente solo. Pero Él estaba listo para terminar el trabajo de Su Padre.

Jesús fue traído ante los lideres Judíos, fue juzgado y tirado en la cárcel. Él fue puesto a juicio ante Poncio Pilatos, gobernador Romano en Jerusalén. Él tenía que ser azotado con un látigo treinta y nueva veces. Se decía que el Mesías era el Rey de la gente Judía, por lo tanto, los Romanos le colocaron en la cabeza una corona de espina, para burlarse de Él.

Entonces, Jesús fue sentenciado a muerte.

Jesús fue forzado a cargar la cruz en la que El más tarde sería colgado. La gente se burlaba y ellos escupían sobre Él. Pero no sabían lo que estaban haciendo.

Ellos no entendían que estaban matando al único Hijo de Dios.

Clavos fueron enterrados
a través de las manos y los
pies de Jesús; y un letrero
fue colocado sobre su cabeza
que decía: “Este fue el Rey
de la gente Judía.” Jesús fue
colgado entre
dos criminales que también
habían sido sentenciados a
muerte. Uno insultó a Jesús,
pero el otro sabía que Jesús
era inocente. Por su fe en
Jesús, esta criminal estaba
perdonado de sus pescados.

Todos los pecados de la gente del mundo cayeron sobre Jesús, al ser Él colgado sobre la cruz. Jesús pago el precio del pecado en nuestro nombre, al derramar Su sangre inocente. Así como Adán había pecado en el principio, Jesús no pecó ni al final. Pero Dios sacrificó a Su único Hijo por los pecados del mundo, tus pecados y los míos. Dios hizo todo esto por ti, porque aunque tú hayas pecado contra Él, Dios todavía te ama y quiera que tú estés con Él en esta vida y en la próxima. Al morir Jesús, una terrible oscuridad pasó sobre la tierra y ésta tembló. Las personas finalmente se dieron cuenta que ellos habían matado al Mesías.

Capítulo 6 : LA RESURRECCIÓN

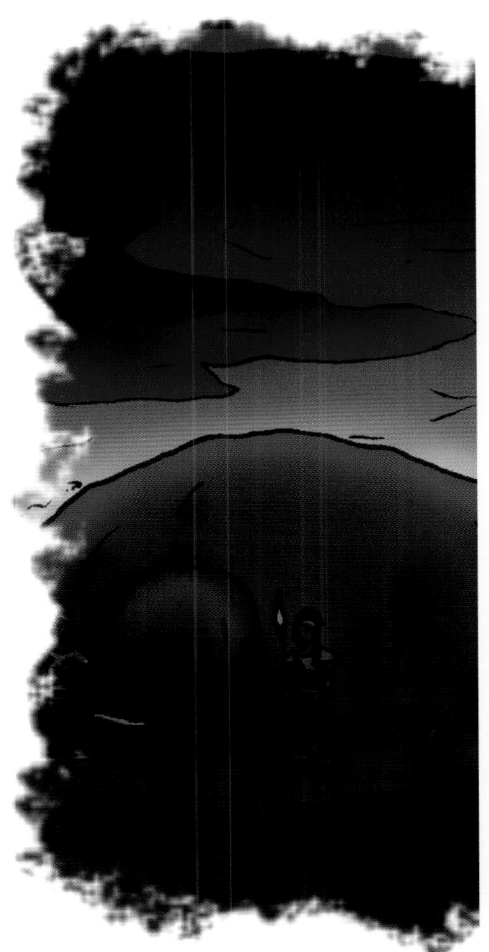

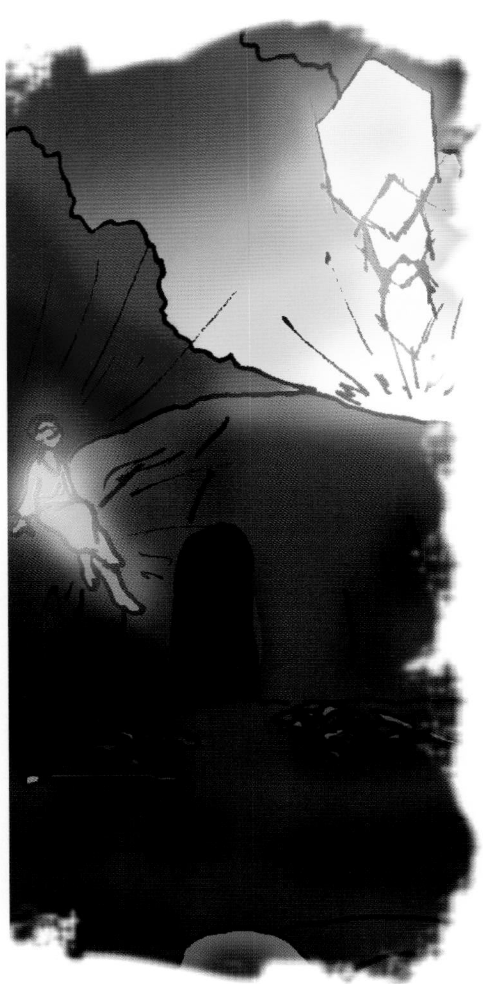

Jesús fue enterrado en una tumba y los soldados romanos se pararon fuera de la tumba para protegerla de los ladrones. Tres días más tarde, algunas mujeres quienes habían seguidas a Jesús, vinieron a la tumba a cubrir su cuerpo con perfume.
Pero cuando ellas se acercaron tempranas en la mañana, algo había pasado.

Ángeles habían venido y removieron la puerta de piedra de la tumba y habían causado que los soldados se desmayaran. Las mujeres fueron dentro de la tumba y se dieron cuenta que el cuerpo de Jesús ya no estaba, pero su ropa de sepultura estaba colocada como que si nunca se hubiera usado. Los ángeles adentro le dijeron a las mujeres que: ¡Jesús había resucitado de la muerte!

Luego Jesús se les apareció vivo a las mujeres y entonces, se les apareció a sus discípulos. Él todavía tenía los huecos que habían sido perforados dentro de su cuerpo. Él era el mismo Jesús pero Él había resucitado de la muerte. Jesús se les apareció a sus discípulos y a muchos otros sobre el curso de cuarenta días, probando que era sólo a través de la fe en Él, que Dios perdonaría a la persona.

Jesús les enseñó de las escrituras Judías como Él fue el sacrificio de Dios, y que había cumplido todas las cosas habladas acerca de Él por Dios, a través de los profetas Judíos. Desde la creación hasta la resurrección el sacrificio de Jesús fue el plan de Dios. Años más tarde, todas esas cosas serían escritas en la Biblia.

Después de cuarenta días, Jesús subió al cielo en la presencia de Sus discípulos. Jesús prometió que un día El regresaría a la tierra como Rey, a juzgar a todo el mundo, aún aquellos quienes creen en Él. Aquellos quienes no creen en Jesús, serán separados de Dios, porque ellos no aceptaron el regalo gratis de Dios - el perdón de sus pecados por la fe.

Pero ¿qué acerca de hoy? Aunque nosotros todos moriremos algún día por nuestra naturaleza de pecado, nosotros podemos ser perdonados, dando nuestra vida en fe a Jesús. Cuando nosotros morimos, iremos al cielo, el Reino de Dios. Nosotros viviremos con Él para siempre, si creemos en el sacrificio de Jesús y nuestra necesidad del perdón.

Dios quiere que nosotros
estemos con Él y confiemos
en Él. El Señor quiere
que nosotros usemos
nuestra vida terrenal para
decirle a otros acerca
de Su regalo gratis del
perdón, exactamente como
lo hizo Jesús. Esto no es
precisamente una historia,
esto es la realidad, isToria.
Tú puedes recibir el perdón
de Dios ahora mismo,
confesando tus pecados a
Dios y pidiéndole el perdón
a través de Jesús.
Él está esperando.

La Biblia dice. . .
"Que si confiesas con tu boca que Jesús es el Señor y crees en tu corazón que Dios le levantó de los muertos, serás salvo."
Romanos 10:9

Ore esta oración ahora:
Querido Señor Jesús, yo reconozco que soy un pecador y necesito Tu perdón. Yo creo que Tú moriste por mis pecados. Yo quiero apartarme de mis pecados. Por favor entra en mi corazón y mi vida y perdóname. Yo quiero confiar y seguirte a Ti como mi Señor y Salvador. En Tu nombre Te ruego. Amen

Si tú has orado esta oración con sinceridad entonces, ¡Felicidades! Dios te ha perdonado, ¡tú eres parte de su familia! Tú próximo paso es encontrar una iglesia CrisTiana en la Biblia, y decirles acerca de tu fe nueva. ¡Ellos te ayudarán de ahí en adelante! Para mas informacion acerca de tu nueva relacion en Cristo llamar al Tels 1-888-NEEDHIM http:www.needhim.com

¿Huora que usted a leido esta isToria, cual es su isToria?

Quisieramos saber de usted y como es su Relacion Con CrisTo

www.hisstory.biz/yourstory.htm

ORDER FORM

Individual Prints

We are making the art in this book available to special order. You may order the prints in small, medium, or large.

- Small prints are 8x10
- Medium prints are 11x17
- Large prints are 16x22
- They may be ordered framed or unframed

"Dust"

Price List

Small	Unframed	$11.95
	Framed	$34.95
Medium	Unframed	$23.95
	Framed	$64.95
Large	Unframed	$35.95
	Framed	$94.95

Framed print will be framed in oak with a complimentary mat.

Shipping for prints by FedX	Unframed	$8.00
	Framed	$25.00

"His Story" Hard Cover	$19.95
"His Story" Soft Cover	$14.95
"La Gran Historia" Hard Cover	$19.95
"La Gran Historia" Soft Cover	$14.95

"His Story" Limited Edition $200.00

Comes with

- A copy of the original artwork used in His Story
- Single custom hand drawn page.

Every book will be 1 of 1

Prices subject to change without notice. For current prices, check our website www.burningbushcreation.com

burningbush creation Order Form

Item#	Page#	Qty.	Price	Subtotal

Order total: ________

Tax: ________

Shipping: ________

Total: ________

Name: ________________

Address: ________________

Phone: ________ E-mail: ________

Method of Payment

- ☐ Cash ☐ Check
- ☐ Visa ☐ MasterCard
- ☐ Discover ☐ American Express

Credit Card # ________________

Exp. Date ________ Signature ________________

2114 Queen Ave North
Minneapolis, MN 55411-2435

Phone: 612-529-0198
Fax: 612-529-0199
E-mail: orders@burningbushcreation.com